COUP D'OEIL

SUR LA SITUATION

Du 29 Septembre 1840 au 29 Septembre 1841,

POUR FAIRE SUITE AU POINT DE VUE PROVIDENTIEL

DE

l'Histoire de Henri de Bourbon.

IMPRIMERIE D'ÉDOUARD PROUX ET Cᵉ, RUE NEUVE-DES-BONS-ENFANS, 5.

COUP D'OEIL

SUR LA SITUATION

Du 29 Septembre 1840

AU

29 Septembre 1841.

PAR M. ALFRED NETTEMENT.

POUR FAIRE SUITE AU

POINT DE VUE PROVIDENTIEL

DE L'HISTOIRE DE HENRI DE BOURBON.

—

Prix : 1 fr, 25 cent.

—

Paris.

LIBRAIRIE DE DENTU, AU PALAIS ROYAL,
GALERIE D'ORLÉANS.

—

1841.

COUP D'OEIL SUR LA SITUATION

Au moment où parut l'écrit consacré à signaler le point de vue providentiel de l'histoire de Henri de Bourbon, ce prince venait de faire à Rome un voyage dont le retentissement fut grand, et la France se trouvait au milieu des semblans belliqueux du ministère de M. Thiers. Aujourd'hui Henri de Bourbon est étendu sur un lit de douleur, et la France, tombée aussi, pour ainsi parler, de son cheval de bataille, sur lequel on nous la montrait paradant au son des fanfares et prête à férir un coup de lance contre l'Europe entière, s'indigne d'être attachée sur le lit ignoble de la paix à tout prix, par mille liens que resserre chaque jour M. Guizot.

N'importe : nos idées n'ont pas changé en présence de ces changemens. Nous gardons notre foi dans la mission providentielle du prince en face de son lit de douleurs ; nos espoirs pour la France, malgré le ministère de la paix partout et toujours. Rien de ce qui est arrivé, depuis un an, n'est de nature à décourager notre confiance ou à modifier nos convictions.

Sans doute on comprend la tristesse qui régna dans le château de Kirckberg, et de là se répandit dans le cœur de tous les royalistes, à la nouvelle de l'accident du 28 juillet. Cette scène d'un douloureux intérêt est présente à toutes les mémoires. On voit ce jeune prince, au milieu des souffrances, suite inévitable d'un accident si cruel, s'oublier lui-même pour ne songer qu'aux autres. On le voit, étendu sur la route, à la place même où son cheval s'est renversé sur lui, donner des instructions pour qu'on apprenne avec précaution la nouvelle à sa tante, à son oncle et à sa sœur ; recommander à celui qu'il envoie de composer son visage, et de ne point porter au château ce front pâle et défait. Puis, on le suit dans les affreux chemins qui mènent à Kirckberg, entouré de paysans qui ont appris à l'aimer et qui soulèvent et portent la voiture dans les endroits où les ornières sont le plus profondes, calme au milieu de l'inquiétude de ses amis, conservant seul sa sérénité au milieu de tous ces visages troublés, les ranimant de temps à autre par une parole de gaîté française; et, sans exagérer en rien cette conduite, sans vouloir amplifier par la pompe de l'expression cette virilité de patience jusqu'à en faire de l'héroïsme, on remercie seulement Dieu qui, dans le prince du 29 septembre, vous révèle un homme.

C'est surtout à l'arrivée du blessé à Kirckberg que l'émotion augmente. La fille de Louis XVI s'étonne pour la première fois à la vue du malheur, et sent qu'il est des infortunes au dessus de son courage. Elle se tourne vers la Providence et lui dit, du fond du cœur, qu'elle a épuisé cette faculté de souffrir bornée comme tout le reste, et que la force lui manquerait pour faire un nouveau sacrifice; alors Dieu, qui mesure les épreuves aux forces de ses saints, écarte le calice des lèvres de Marie-Thérèse.

Le prince, objet de tant d'alarmes, n'a fait qu'une seule question : il a demandé aux hommes de l'art s'il pourra monter à cheval; inquiétude digne d'un descendant de la race des gagneurs de batailles. Dès qu'on l'a rassuré sur ce point, il est tranquille et il rassure sa famille et ses amis.

Sa mère, qui, en recevant la triste nouvelle, est accourue en toute hâte, habituée qu'elle est à se trouver à son poste, que ce soit la douleur qui l'appelle, ou que ce soit le péril, le voit déjà familiarisé avec la souffrance, et, chose plus difficile, avec la pensée de cette immobilité forcée, si pénible à concilier avec l'activité naturelle de son caractère et de son âge. Elle le plaint de cette contrainte, mais elle le loue de savoir la souffrir en homme.

Quelques uns de ses amis murmurent tout bas autour du lit de douleur, contre cette témérité qui expose à des périls inutiles une vie qui appartient à une mission providentielle ; puis ils sentent que le courage que Dieu a mis dans cette âme, le feu qu'il a allumé dans ce cœur ont besoin de se répandre au dehors. Ils se disent que si les barrières étaient ouvertes à cette activité qui, exilée des affaires et des champs de bataille, se dévore elle-même, elle ne s'en prendrait plus aux chevaux fougueux, et consacrerait à lutter contre des obstacles plus sérieux, des périls plus utiles, cette puissance de volonté et ce courage que Dieu ne donne pas sans dessein aux princes.

Là s'arrêtent toutes les conséquences que l'on peut tirer de l'accident du 28 juillet. Il a été douloureux sans être funeste ; tout est dans ce mot, et après avoir lu le rapport des médecins, qui répondent de la parfaite guérison du prince et certifient qu'il ne conservera aucune trace de sa blessure, il faut encore remercier la Providence.

Dieu, en effet, n'a point interrompu le cours de cette destinée providentielle ; il a seulement permis qu'elle fût visitée par une épreuve de plus. Henri

de Bourbon se faisait homme ; la douleur, cette
sévère compagne de l'homme, lui est apparue ; il
entre par la souffrance dans cette seconde vie, plus
sérieuse que la date du 29 septembre 1841, épo-
que de sa majorité réelle, qu'il voit commencer
pour lui. Il vit, il nous est conservé, nous n'avons
pas le droit d'en demander davantage. L'histoire
ne nous apprend pas que Dieu ait préservé ceux
qu'il avait choisis pour instrumens de ses desseins,
des accidens et des malheurs inséparables de notre
faible humanité. Charles V, destiné à relever la monarchie française et à chasser l'usurpation britan-
nique du royaume des fleurs de lys, fut empoi-
sonné par Charles-le-Mauvais ; Dieu lui conserva
la vie, mais il ne détourna pas le poison de ses lèvres ! Jeanne d'Arc, dont la mission si manifestement providentielle était de conduire de triomphe
en triomphe le roi légitime à Reims pour l'y faire
sacrer, fut souvent atteinte par les lances anglaises,
sans que la foi de l'armée dans sa mission, sans
que la foi de l'héroïne en elle-même fût altérée :
elle se relevait, au contraire, plus forte, et conti-
nuait l'œuvre du Dieu qui ne lui avait pas promis
de la rendre invulnérable en la rendant invincible.
Henri IV enfin, appelé à préserver l'unité de la
France contre l'usurpation espagnole, teignit plus
d'une fois ses succès de son sang. Dieu conservait
ces existences providentielles pour les desseins

qu'elles devaient accomplir, mais il ne les mettait point à l'abri des épreuves auxquelles sont exposés le reste des hommes. Le caractère que l'on trouve dans les princes providentiels, ce n'est donc pas une inviolabilité qui les place au dessus des accidens ordinaires de la vie, mais un ordre général dans leur destinée, qui les conserve pour leur mission et les conduit à travers les accidens au but qu'ils doivent atteindre.

Les choses ainsi ramenées à la vérité, et le caractère de l'accident du 28 juillet étant apprécié à sa juste valeur, si nous étudions le travail des événemens, du 29 septembre 1840 au 29 septembre 1841, nous trouvons que les faits ont marché, soit pour Henri de Bourbon, soit pour le pays, dans le sens des desseins providentiels, dont cet écrit développe l'ordre et la suite.

Quant à Henri de Bourbon, il s'est passé un événement qui a produit une impression profonde, en manifestant son caractère, les sentimens naturels à son cœur et les idées arrêtées dans son esprit.

Tout le monde comprend que nous voulons parler des deux séances de la chambre des députés et de la chambre des pairs, où le mensonge entêté qui a fait tant de mal au principe monarchique et au pays, fut réduit à reculer devant de solennelles protestations.

Par deux fois la calomnie opiniâtre monte à la

tribune et représente le petit-fils de Louis XIV comme pouvant nourrir la pensée d'entrer en France à la tête d'une armée d'étrangers; par deux fois, la calomnie, frappée au visage d'un démenti public, est contrainte de se cacher. A la chambre des députés, ce sont MM. de Labourdonnaye, de Valmy, de Larcy et tous leurs collègues qui, se levant ensemble, protestent, au nom du prince absent, contre une inculpation attentatoire à son honneur. Il faut que M. Thiers, cet imperturbable affirmateur, retire sa parole; elle ne passera pas. Qu'il le veuille ou qu'il ne le veuille pas, il entendra les royalistes répéter, tous d'une voix, le serment fait par Henri de Bourbon de ne revenir que par la France, ou de ne rentrer jamais dans le royaume de ses aïeux. Cette résolution recevra ainsi une notoriété officielle et publique. La France saura que ces mots sont sortis de la bouche et du cœur du petit-fils de Louis XIV, qui confie sa destinée aux Français, et ne veut la recevoir que de leurs mains.

A la chambre des pairs, la scène est plus remarquable et plus pathétique encore. Un homme qui a mis au service de l'ordre de choses actuel les fougues d'une nature violente et révolutionnaire jusque dans l'exercice du pouvoir, et dont les réquisitoires furieux semblaient autant d'émeutes oratoires contre les opinions pour lesquelles il cons-

pirait naguère; M. Persil qui, se faisant escompter
les services rendus au nouveau régime, a quitté
récemment les balances de la justice pour le balancier de la monnaie, ose ramasser le mensonge
tombé à l'autre chambre devant l'énergique protestation des royalistes, et le porter de nouveau à
la tribune. Dans la discussion ouverte au sujet de
la loi des fortifications, il ne craint point, pour
motiver l'embastillement de Paris, de montrer
Henri de Bourbon s'avançant vers la capitale à la
tête d'une armée d'étrangers. Alors un mouvement
se fait dans la salle, un cri d'indignation retentit.
Un homme se lève, et il couvre de sa parole le
petit-fils de Louis XIV calomnié, comme sur un
champ de bataille il le couvrirait de sa poitrine.
Il répond de l'amour que le royal exilé porte à la
France, cœur pour cœur, corps pour corps, et,
malgré mille cris, sa parole intrépide s'élance
pour le défendre, aussi rapide que serait son épée
à sortir du fourreau, s'il fallait combattre pour la
patrie. Les dernières ombres du doute tombent
au bruit de cette généreuse protestation; car les
adversaires de celui qui proteste le reconnaissent
eux-mêmes, au milieu de tant de lignes tortueuses,
la ligne par lui suivie a toujours été droite comme
la lame d'une épée; au milieu de tant de vies ta-
chées de parjures, sa vie a été un vrai miroir
d'honneur; au milieu de tant de promesses falla-

cieuses, sa parole vaut un traité. Nous avons nommé M. de Dreux-Brézé.

Ce n'est pas tout encore. L'opinion royaliste, à la voix de M. de Brian, saisit la bonne fortune de cette occasion ; elle adopte, elle s'approprie la protestation de M. de Dreux-Brézé ; elle revendique pour elle-même les sentimens, la ferme résolution de Henri de France, de ne jamais revenir dans ce pays par l'étranger. Une manifestation d'opinion solennelle et publique a lieu dans ce sens. Les listes d'adhésions se couvrent de signatures. Il devient plus clair que le jour que M. de Dreux-Brézé, en parlant comme il a parlé, n'a pas été seulement l'homme du petit-fils de Louis XIV exilé, mais l'homme de la France royaliste toute entière. Sa parole, ce n'est plus une protestation isolée, c'est un drapeau.

Ainsi cette calomnie si fatale aux royalistes toujours accusés d'être le parti de l'étranger, est frappée au cœur ; elle périt sans retour. Désormais, il n'est plus possible à la malveillance de la reproduire ni contre eux, ni contre le petit-fils de Louis XIV ; elle ne serait plus seulement injuste, elle serait insensée : premier et utile fruit de l'année qui vient de s'écouler.

Ce résultat acquiert un plus haut degré de gravité par la coïncidence d'un autre fait ; nous voulons faire ici allusion à ces procès célèbres, soulevés au sujet de lettres écrites pendant l'émigration, et qui, s'agrandissant encore sous la parole admirable de M. Berryer aussi puissant dans l'enceinte d'un tribunal qu'à la tribune politique, ont produit une impression si profonde et si universelle. Le contraste des sentimens exprimés au nom de Henri de Bourbon par ses amis, dans les deux chambres et dans la presse, avec d'autres sentimens d'une nature diamétralement opposée et qui trouvent leur expression dans cette correspondance, achève de frapper les esprits. On rapproche, on compare, on juge; et la conséquence de ce rapprochement et de cette comparaison est trop claire pour qu'il soit nécessaire de l'indiquer. Ajoutons que, comme il arrive toujours à l'approche des péripéties, tous les voiles semblent au moment de se lever, et que le procès intenté aux journaux au sujet de l'affaire Didier promet de nouvelles et d'utiles révélations.

Que si nous détournons les yeux de Kirckberg, pour les porter sur la France, nous trouvons que l'année n'a été ni moins féconde, ni moins bien remplie, et le ministère Guizot nous apparaît comme ayant fait marcher les faits et les idées, d'un pas aussi rapide que le ministère de M. Thiers.

Il faut bien se rendre compte du mécanisme de la situation de la France, pour suivre avec profit cette dernière phase; et par conséquent il est nécessaire d'expliquer cette espèce de flux et de reflux politique, par lequel les affaires viennent et reviennent du ministère Guizot au ministère Thiers, pour revenir du ministère Thiers au ministère Guizot.

Les affaires vont et reviennent de l'un à l'autre de ces deux cabinets, parce qu'il y a deux nécessités qui font tour à tour sentir leur empire.

Le ministère Thiers est amené par la nécessité de rendre à la France les frontières qui lui manquent, et de la relever d'un état d'infériorité extérieure où elle est tombée, infériorité démontrée d'une manière péremptoire par M. Duvergier de Hauranne, dans son travail sur nos relations extérieures. Mais pour atteindre ce but, il faudrait s'appuyer sur un système d'alliances monarchiques ou sur la proclamation du droit des nationalités faite du sein du principe monarchique, afin d'amener des émancipations légitimes et non des bouleversemens révolutionnaires. Or, comme le ministère Thiers n'a pas cet appui, il est réduit à allumer toutes les passions révolutionnaires, et le moment arrive où il évoque, devant les regards de la France, les images de propagande, d'anarchie, de guerre universelle et d'invasion. Alors, comme il menace tous les intérêts, il tombe sous la réaction universelle de leurs craintes.

Le ministère Guizot est alors amené par la nécessité vivement ressentie de rendre aux intérêts la sécurité qui leur échappe, d'éloigner les chances d'une conflagration, et de raffermir au dedans le pouvoir ébranlé sur ses bases. Mais, pour accomplir cette œuvre, il faudrait s'appuyer sur le principe monarchique qui donne au pouvoir une force morale incomparable, et qui assure le dehors comme le dedans contre les bouleversemens révolutionnaires. Cet appui manquant à M. Guizot, il en est réduit à obtenir, par des concessions sans dignité, la tolérance de l'Europe, dans le sein de laquelle il ne saurait trouver d'alliance. Ne pouvant établir l'ordre moral, il exagère les moyens d'ordre matériel. Inhabile à fonder une monarchie paisible dans sa force, il cherche à établir une dictature armée de lois menaçantes et d'un arbitraire terrible. Alors l'honneur national s'émeut, les libertés s'inquiètent, M. Guizot tombe devant cette réaction et l'on voit reparaître M. Thiers.

Ce qu'il y a de remarquable, c'est que la venue de chacun de ces deux ministres est parfaitement motivée. Le nom de M. Thiers répond au fond à la nécessité de faire retrouver à la France la place qui lui appartient en Europe ; le nom de M. Guizot à la nécessité de substituer au dedans le gouvernement monarchique au gouvernement parlementaire. Seulement ce sont deux fausses solutions au lieu d'être deux solutions vraies. Leur force, c'est que chacun d'eux est amené par le problème d'une situation impérieuse ; leur faiblesse, c'est que ce problème, ils ne le résolvent pas, ils ne sauraient le résoudre.

Cela explique pourquoi ils sont forts dans l'opposition, faibles dans le pouvoir. Dans un état de choses où l'action mène à des précipices le pouvoir qui est dans des conditions funestes, la situation forte est dans l'opposition, qui est un obstacle à cette action ; la situation faible dans le pouvoir, qui est cette action même. Ajoutez à cela que M. Thiers a autant de raisons d'empêcher M. Guizot de marcher dans le sens de l'abaissement continu et du despotisme, que M. Guizot d'empêcher M. Thiers de marcher dans le sens de la guerre révolutionnaire et de l'anarchie.

Mais, d'où vient que, si ces deux situations existent, elles n'amènent pas des hommes plus tranchés que M. Thiers et M. Guizot dans l'un et l'autre sens ; et si elles amènent toujours les deux mêmes ministres, les choses ne marchent donc pas, et nous nous remuons sans avancer dans un état qu'on pourrait appeler une immobilité agitée ?

Voici la réponse :

La situation ne va pas au delà du ministère Thiers, d'un côté, et du ministère Guizot, de l'autre, par une raison bien simple. C'est qu'il y a dans ce pays une résolution arrêtée de n'aller ni jusqu'à la réalité de l'anarchie et de la guerre universelle, ni jusqu'à la réalité du sacrifice complet de la dignité et de la grandeur du pays au dehors, et de sa liberté au dedans. Or, M. Thiers et M. Guizot n'ont en eux la puissance que d'évoquer les images de ces fléaux. Ils vont jusqu'au bord du précipice, et au moment où ils font peur à tout le monde, ils ont peur eux-mêmes et d'eux-mêmes. Ils n'ont pas le courage de leurs théories, ils reculent devant les conséquences de leur système. On ne trouverait pas la même raison de sécurité si l'on allait au delà de M. Thiers, vers la gauche ; au delà de M. Guizot, dans l'autre parti. On compte, sans se l'avouer, sur le sentiment qu'ils ont de leur inconsistance et de leur faiblesse. Téméraires plutôt que hardis, ils font autant de pas en arrière qu'en avant. M. Guizot n'est qu'un fanfaron de despotisme, comme M. Thiers n'est qu'un fanfaron d'anarchie et de révolution.

Cela semble donner gain de cause à l'objection de ceux qui affirment que la situation s'agite sans avancer, semblable à un balancier qui parcourt toujours le même espace. Il n'en est rien cependant. Chaque fois qu'un nouveau ministère Guizot fait son avènement, il est obligé d'aller un peu plus avant dans le sens de l'abaissement continu et du despotisme, pour contrebalancer ce que le ministère Thiers, qui l'a précédé, a fait dans le sens de l'anarchie et de la provocation au dehors. Chaque fois qu'un nouveau ministère Thiers arrive aux affaires, il est obligé d'aller un peu plus avant dans le sens de la provocation et de l'anarchie, pour contrebalancer ce que le ministère Guizot a fait dans le sens du despotisme et de l'abaissement continu. Il suffit, pour s'en convaincre, de jeter un coup d'œil sur les faits. Le premier ministère Thiers n'alla que jusqu'à l'idée d'une intervention en Espagne ; le second est arrivé jusqu'à l'idée de la guerre universelle et de l'anarchie révolutionnaire. Le premier ministère Guizot n'est allé que jusqu'au sacrifice de notre influence en Espagne, et jusqu'à la loi de disjonction ; le second a fait avancer l'abaissement continu jusqu'à l'immolation de tous nos intérêts extérieurs et au sacrifice complet de notre dignité nationale dans la question d'Orient ; et dans la question de liberté, il est allé jusqu'à la loi des bastilles, la violation des droits municipaux pour le recensement, la négation de l'indépendance électorale, l'arrestation préventive des journalistes et la pensée d'un coup d'État contre la presse. Ce sont donc plutôt les mêmes ministres que les mêmes ministères, et l'on marche ainsi peu à peu vers les extrémités qu'on pense éviter. Ce sont toujours les mêmes enseignes, mais à chaque nouveau ministère elles sont plantées un peu plus avant.

Pour résumer tout ce qui précède, on pourrait dire qu'il y a deux situations vraies sous deux ministères faux. Il faut que la France, sous peine de périr, sorte de l'humiliation, de l'isolement et de l'infériorité ; mais c'est une mauvaise porte, pour en sortir, que la guerre de propagande et l'anarchie. Il faut que la France, sous peine de périr, sorte des incertitudes du gouvernement parlementaire, de l'agitation passionnée que la révolution répand au dedans, de ses provocations téméraires au dehors ; mais c'est une mauvaise porte pour en sortir, que le despotisme et le système des concessions déshonorantes et ruineuses.

Ainsi, M. Guizot et M. Thiers arrivent parce que chacun d'eux est appelé par une face du problème ; ni l'un ni l'autre ne demeurent, parce qu'ils ne portent ni l'un ni l'autre en eux la puissance d'une solution qui n'appartient qu'au principe monarchique.

Si vous étudiez l'effet politique et moral du ministère de M. Guizot à la lumière de ces principes, vous demeurerez étonné de ce que ce ministère a fait pour éclaircir toutes les positions, et de la manière involontaire dont il a contribué à dissiper les suprêmes illusions de ce pays. M. Thiers avait réussi dans l'affaire des fortifications à établir une confusion dangereuse entre la question intérieure et la question extérieure. Il avait donné le change à un grand nombre d'esprits sur la portée véritable des fortifications, en enveloppant dans un nuage de paroles belliqueuses la menace suspendue sur la tête des habitans de la capitale. La présence de M. Guizot a suffi pour faire cesser la confusion. En plantant sa bannière sur le terrain de la paix partout et toujours, il a crevé le nuage à la faveur duquel on marchait à la conquête des dernières libertés de ce pays, en ayant l'air de lui ménager une ressource contre une catastrophe extérieure. Comme la paix à tout prix ne saurait perdre de batailles, décidée qu'elle est à n'en jamais livrer, il est devenu clair pour tout le monde que ce n'est pas la défensive de la nationalité, mais l'offensive de l'arbitraire que les fortifications préparent. M. Thiers avait masqué les batteries destinées à faire feu sur les derniers boulevarts de notre indépendance ; M. Guizot, cette expression de l'impatience du despotisme, les a démasquées. On a compris que la bouche des canons, au lieu d'être tournée contre le dehors, était tournée contre le dedans, et que ce n'était pas une dernière carte contre l'éventualité d'un nouveau Waterloo, que le système doctrinaire demandait, mais des dés pour jouer son 18 brumaire.

Et ce n'est point par des paroles seulement que M. Guizot a autorisé cette conviction, c'est par des actes. Quand on a vu l'ordre de choses actuel déserter le système de l'isolement armé, comme il avait déserté sous M. Thiers la Méditerranée, ce champ de bataille où devait se trancher la question orientale, et, depuis la chute de M. Thiers, le système

comminatoire qui consistait à mettre l'armée au
pied de guerre complet; et quand on a vu qu'il dé-
sertait l'isolement par la même cause qui lui avait
fait déserter la politique comminatoire, parce que les
quatre puissances lui déclaraient que s'il persistait
à demeurer isolé, ce serait pour elles un motif de
signer une alliance offensive et défensive, comme
elles lui avaient déclaré qu'on était résolu à balayer
ses armemens; on a bien compris que l'ordre de
choses actuel ne pouvait sérieusement demander
des garanties contre les chances de la guerre, après
avoir solennellement prouvé à la face de l'Europe
entière que le fourreau de parade suspendu à sa
ceinture, n'était qu'une gaîne sans épée.

La justesse de cette conclusion n'a pas tardé à se
changer en évidence. M. Guizot a fait rentrer le cabinet du Palais-Royal dans le concert européen,
sans obtenir aucune satisfaction, encore moins
une concession, en acceptant comme une loi les
faits accomplis sans la France, malgré la France,
contre la France, en portant en un mot le drapeau
aussi bas que le cœur, et en donnant ainsi des mo-
tifs raisonnables de douter que l'humiliation d'a-
voir été chassé du concert européen, égalât la honte
d'y être rentré à de telles conditions et sous de pa-
reils auspices. Alors tous les voiles sont tombés.
Aux yeux de ceux-là même qui avaient regardé les
fortifications comme le bouclier de l'indépendance

nationale, elles ont apparu comme une épée tournée contre nos libertés. La manière dont les tra-
vaux étaient conduits a achevé de rendre cette vérité évidente. Pour tout couronner, l'arbitraire,
dans ses impatiences, n'a pas attendu qu'il tînt
dans ses mains les instrumens de despotisme que
l'erreur ou la corruption lui avaient votés. Comme
l'Achille de l'*Iliade*, il est sorti de sa tente et a jeté
sur les Troyens trois grands cris avant qu'on eût
achevé de lui forger son armure. Il s'est cru assez
fort à l'ombre des bastilles qui n'existaient pas encore, pour consommer le déshonneur et la ruine
des intérêts extérieurs du pays, en rentrant pure-
ment et simplement dans le concert européen, et
pour porter violemment la main sur le dernier écu
du contribuable, sur les libertés municipales, l'in-
stitution de la garde nationale et la liberté de la
presse elle-même.

Mais, par une conséquence naturelle, l'offensive
que prenait le ministère de l'abaissement continu
au dehors et de l'arbitraire au dedans, a provoqué
le pays à dessiner d'une manière plus nette et plus
tranchée sa ligne de défensive, et M. Guizot, en
marchant dans cette voie, a soulevé des difficultés
non moins grandes et a rencontré contre lui une
manifestation d'opinion aussi menaçante que celle
qui avait renversé M. Thiers.

Le pays, éclairé sur la destination des bastilles, a

montré dans l'affaire du recensement qu'il avait la conscience de sa force et qu'il saurait en user pour arrêter le système d'arbitraire et de despotisme dont on le menaçait. Il a laissé voir à demi ce grand levier du refus d'impôt qui renverse les systèmes qu'il touche, et qui est plus fort que les bastilles même, puisqu'il empêche de les construire. Il s'est exercé à la résistance légale, comme une armée s'exerce aux grandes manœuvres au moment d'entrer en campagne. Le ministère s'est étonné de son impuissance armée. Il a en vain promené ses canons au milieu des populations qui n'ont opposé à ces démonstrations irritantes que la pacifique énergie d'une résistance passive et légale (1). Les portes se sont fermées devant le système doctrinaire qui a réussi dès long-temps à se fermer les cœurs. M. Guizot, qui avait dit en revenant au pouvoir : « Ce qui me préoccupe, ce n'est pas le dehors, » c'est le dedans, » a éprouvé, dans l'affaire de Toulouse, par le sauve qui peut de deux fuyards officiels, MM. Mahul et Plougoulm montant en chaise de poste au lieu de monter à cheval, des déconvenues qui peuvent aller de pair avec celles auxquelles M. Thiers se soumit, lorsqu'il recula

(1) « Nous ne confondons pas avec ce grand mouvement les » troubles déplorables qui ont eu lieu sur divers points du » pays, grâce à la politique provocatrice de M. Guizot. »

de note en note devant l'Angleterre, et rappela la flotte française à Toulon pendant que les Anglais bombardaient Beyrouth.

En même temps le pays a dessiné, d'une autre manière et par d'autres moyens, sa ligne de défensive contre les progrès de l'abaissement continu. La conviction profondément entrée dans les esprits que le système doctrinaire était incapable de soutenir au dehors les intérêts de la France dans la question d'Orient, conviction justifiée par la rentrée humiliante du cabinet du Palais-Royal dans le concert européen, a fait naître la pensée de réunir toutes les grandes opinions du pays, sur le terrain commun d'une politique chrétienne et française, civilisatrice et nationale. C'est ici qu'on a vu ce qui était arrivé à M. Thiers, au sujet du concert européen, arriver à M. Guizot au sujet du concert national. Le mouvement de l'opinion l'a laissé en dehors avec le pouvoir qu'il représente à l'exemple du mouvement de la diplomatie, et s'est personnifié dans des hommes appartenant aux diverses nuances, mais préoccupés avant tout des intérêts de leur pays. Ces hommes ont compris que, pour préserver la grandeur de la France menacée par le partage des influences en Orient, partage qui pouvait être suivi du partage des territoires opéré comme le premier à notre exclusion et à notre dam, il était nécessaire de créer une force d'opinion nationale

qui préparât les reprises de la France, et les légiti-
mât, par la part qu'elle aurait prise, en dehors de
son gouvernement, aux affaires orientales. Il s'est
trouvé un homme que le caractère dont il est re-
vêtu, aussi bien que son intelligence et ses convictions, appelaient à cette belle mission de pacifica-
teur entre les partis (1). Cette mission, il l'a digne-
ment et heureusement remplie.

C'est alors que les royalistes ont commencé a
recueillir le prix de l'attitude toute nationale qu'ils
avaient prise en adhérant à la déclaration de M. de
Dreux-Brezé. Tous les doutes étant tombés, tous
les soupçons étant devenus impossibles en présence
d'une déclaration si franche et si catégorique, les
obstacles qui empêchaient un rapprochement ont
disparu, et l'on a vu, pour l'espoir et la consola-
tion de la France, pour l'effroi de ceux qui ne peuvent la gouverner qu'en la divisant, tous les partis
s'entendre sur la question d'honneur et d'intérêt
national. Quand il s'est agi de se nommer un pré-
sident, toutes les mains ont désigné le même
homme, toutes les voix ont prononcé le même
nom, et cette réunion de politiques appartenant à
toutes les nuances d'opinions, a reconnu qu'elle
se résumait et se personnifiait dans le personnage
de ce temps qui a donné le plus de gages à la gloire,

(1) M. de Genoude. (Paroles de M. Barrot.)

à la liberté et à la monarchie, dans M. de Châteaubriand.

Chose remarquable ! les idées de nationalité et de grandeur extérieure ont appelé le nom de M. de Châteaubriand, elles se sont groupées autour de cet homme d'État, elles ont reconnu qu'il devait leur donner la cohésion dont elles avaient besoin, avec l'impulsion et la suite; de même que les intérêts menacés semblaient avoir attendu le puissant manifeste de M. de Villèle pour se réveiller, et protester de toute part contre le monopole qui, pour nous servir des paroles de cet homme d'État, ruine, tyrannise et déshonore la France. Ainsi, par suite du ministère de M. Guizot, ces deux noms éclatans reparaissent : M. de Villèle, comme l'homme de tous les contribuables de France ; M. de Châteaubriand, comme l'homme de tous ceux qui veulent la liberté et la grandeur de ce pays ; M. de Villèle, comme le défenseur de tous les intérêts ; M. de Châteaubriand, comme le gardien de toutes nos gloires; et la France en face du système de l'abaissement continu et des Bastilles, laisse voir ses deux moyens de résistances, quant au présent; de solution pour l'avenir; dans la conciliation des partis, la réforme électorale dont la nécessité a reçu une sanction de plus de la dernière session, et le refus légal de l'impôt, opposé comme une muraille insurmontable à toutes les tentatives d'arbitraire.

Voilà l'esprit, la suite et la portée politique du travail qui s'est opéré depuis un an, et dont le ministère de M. Guizot a été l'aveugle instrument. Cette année, on le voit, a été féconde en résultats. L'homme s'est agité, comme disait un jour ce superbe ministre, et Dieu a conduit.

Ce n'est qu'en hésitant que nous ajouterons une dernière considération. Quand nous portons nos regards uniquement sur le lit de douleur de Henri de Bourbon, la tristesse que nous cause l'accident qu'il a éprouvé, est pour nous sans compensation. Mais quand nous rapprochons sa situation de celle de la France, quand nous pensons au degré de maturité que commencent à atteindre les affaires, quand nous prévoyons les complications qui peuvent naître, quand nous songeons aux habiletés de police par lesquelles les doctrinaires s'entendent à arrêter le mouvement des idées nationales et des intérêts français en provoquant ou en simulant des mouvemens de parti, et quand nous nous rappelons que leur tactique éternelle a été d'attribuer à l'intervention des personnes les difficultés des situations, et d'accuser de prétendues conspirations des résultats de leurs mauvais principes et des conséquences de leurs fautes, il nous semble que Dieu a voulu qu'on vît d'une manière claire et manifeste le mensonge de semblables allégations, ou plutôt qu'il a voulu les rendre impossibles. Henri de Bourbon, étendu sur un lit de douleur, est aussi manifestement innocent des complications actuelles, qu'il l'était dans son berceau des complications qui renversèrent sa maison. On ne peut plus accuser ni le petit-fils de Louis XIV, ni les royalistes de préparer une bataille de Culloden, en face du lit de douleur qui donne un éclatant démenti à cette accusation, et les doctrinaires perdent avec le bénéfice de cette calomnie, le prétexte de l'arbitraire. Il demeure prouvé aux yeux de tous que les royalistes non seulement ne veulent rien, mais ne peuvent rien vouloir que par la France et avec la France. Que dirons-nous de plus ? Henri de Bourbon n'aura pas été un seul moment une difficulté et un obstacle de plus au milieu de tant de difficultés et de tant d'obstacles : le prince providentiel garde jusqu'au bout son caractère ; il n'est pas un problème, il est une solution.

Prince, objet de tant d'espérances, mais aussi de craintes égoïstes si horriblement naïves dans leurs indignes manifestations, c'est là le caractère sacré qui vous rend si cher à vos amis, et qui devrait vous servir de titre auprès des adversaires mêmes du principe que vous représentez, car votre personne n'a pas d'adversaires. Dans ces derniers jours, lorsque de sinistres rumeurs circulant de proche en proche, racontaient mensongèrement vos destinées interrompues comme celles de Ger-

manicus, et l'œuvre de la Providence restant ina-
chevée sous sa main, comme ces œuvres humaines
à l'achèvement desquelles la main de l'ouvrier vient
à manquer, notre raison comprenait les anxiétés et
les douleurs des royalistes, que nous retrouvions
si vives au fond de notre cœur. Ces fronts pâles
et consternés, ces regards inquiets qui, pendant que
les lèvres frémissantes échangeaient des paroles
d'espoir, se cherchaient avec avidité et s'évitaient
avec crainte ; ces silences qui interrogeaient et re-
doutaient la réponse ; ces respirations entrecoupées
de terreurs, de prières et d'espoir, toutes ces
émotions enfin qui rappelaient les émotions auxquelles la grande ville fut en proie quand la nouvelle de la fin tragique du plus populaire de vos
aïeux arriva à ses oreilles, rien de tout cela n'était
en droit de nous surprendre. Si, en perdant votre
aïeul, nos pères regrettaient un glorieux passé,
la France royaliste était semblable à une mère qui,
dans son fils unique enlevé à la fleur de l'âge,
pleure moins encore les courtes années qu'il laisse
derrière lui, que les longues années qu'il lui res-
tait à vivre, et que, dans les magnificences de sa
tendresse maternelle, elle lui faisait si belles ; elle
eût regretté en vous un avenir beau comme l'in-
connu et infini comme l'espérance. En pleurant sur
vous, c'était sur elle qu'elle pleurait. On se lamen-
tait déjà sur tant de moissons de gloire séchées avant

d'être épanouies, sur tant de prospérités flétries dans leur germe, sur tant de chances retranchées, sur tant de pages effacées de l'histoire. De même qu'on ne connaît bien la place qu'occupe un grand chêne de nos forêts, que lorsqu'on a mesuré, par la pensée, l'espace qui resterait désert et nu s'il venait à être abattu par la cognée, de même on ne connaît la place qu'une destinée tient dans la situation, que lorsqu'on mesure, de l'œil, le vide qu'elle laisserait après elle si elle venait à être retranchée. Aussi semblait-il à chacun qu'il venait d'apprendre, pour la première fois, la place que vous tenez dans la situation générale et dans le cœur de vos amis, et que la pensée de votre perte lui eût alors seulement révélé les intérêts qui s'attachent à votre conservation.

Mais ce que nous ne saurions comprendre, ce sont les lugubres réjouissances dont un mensonge sinistre a été l'objet pour quelques hommes. Ne voient-ils donc pas que vous n'êtes une menace pour aucune fortune, et que vous êtes seulement la ressource que l'on retrouverait dans cette situation extrême où tout autre espoir aurait péri ? Aveugles encore plus indignes, ne sentent-ils pas que vous êtes cette chance réservée qui laisse passer toutes les autres chances devant elle, et que tout le monde doit respecter par cela seul qu'elle est la dernière ? Nous ne l'aurions pas cru jusqu'à ce jour, mais

nous le savons d'expérience maintenant ; il y a un
cynisme plus honteux encore que celui des aposta-
sies, c'est le cynisme de ces espoirs homicides qui
spéculent tout haut sur la mort, et dont l'opti-
misme meurtrier, souriant à la pensée d'une catastrophe, met l'oreille contre le sol, et se réjouit
d'une joie lugubre, en prenant tous les bruits qu'il
entend dans le lointain, pour le bruit de la première pelletée de terre tombant sur un cercueil.
Heureusement pour nous, heureusement pour ceux-
là même qui formaient ces horribles vœux, ils n'ont
pas été exaucés. Vous demeurez ce que vous êtes,
le dernier recours de ceux qui auront recouru inu-
tilement à tous les moyens, la dernière chance ouverte après toutes les épreuves, la dernière espérance au bout de tous les désespoirs, la dernière
solution à la fin de tous les problèmes.

www.ingramcontent.com/pod-product-compliance
Lightning Source LLC
Chambersburg PA
CBHW061443050726

47593CB00004B/1452